Szenen 1
heute aktuell

場面で学ぶドイツ語

Shuko Sato
Kyoko Shimoda
Tomomi Okazaki
Gesa Oldehaver
Daniel Arnold
Thoralf Heinemann

Arbeitsbuch

SANSHUSHA

Lektion 1   Kennenlernen

1 Wie lautet die passende Begrüßung / Verabschiedung? Schreiben Sie.
挨拶を書きなさい。

a) _____   b) _____   c) _____

d) _____   e) _____   f) _____

2 Ergänzen Sie.   動詞または語尾を補いなさい。

| ist   sind   bin   -e   -en   -st   -t |

a) Wie heiß____ Sie?   − Ich heiß____ Yoko Sasaki.
b) _____ Sie Frau Schneider?   − Ja, das _____ ich.
c) Woher komm____ du?   − Ich komm____ aus Deutschland.
d) Wie _____ Ihr Name?   − Mein Name _____ Fuchs.
e) Wo wohn____ Sie?   − Ich wohn____ in Hamburg. Und Sie?
   Ich wohn____ auch in Hamburg.
f) Wie heiß____ du?   − Ich _____ Jochen.

❸ „du" oder „Sie"? Ergänzen Sie. du または Sie を補いなさい。

a) Wie heißen _____ ?   – Ich heiße Klein.

b) Ich heiße Jan, und _____ ?   – Lisa.

c) Hallo, ich bin Daniel! Und wie heißt _____ ?   – Michiko.

d) Buchstabieren _____ bitte!   – T - A - N - A - K - A.

e) Und _____ sind Herr Meier?   – Ja, das bin ich.

f) Heißt _____ Peter?   – Nein, mein Vorname ist Klaus.

g) Bist _____ Anna?   – Ja, das bin ich.

h) Mein Name ist Fischer. Und wie heißen _____ ? – Ich heiße Bauer.

❹ Buchstabieren Sie. 声に出して読みなさい。

a) B – E – R – L – I – N   g) S – C – H – U – B – E – R – T

b) D – E – U – T – S – C – H – L – A – N – D   h) Ä – G – Y – P – T – E – N

c) Z – U – B – E – H – Ö – R   i) Q – U – A – L – I – T – Ä – T

d) B – Ü – R – O – S – T – U – H – L   j) X – Y – L – O – F – O – N

e) L – I – T – F – A – ß – S – Ä – U – L – E   k) B – U – ß – G – E – L – D

f) J – Ä – G – E – R   l) B – L – A – U – W – E – I – ß

❺ Schreiben Sie Sätze. 文を作りなさい。

a) wohnst / wo / ? / du   _____

b) wohne / in / Dresden / ich   _____

c) aus / kommen / Frankfurt / Sie / ?   _____

d) kommst / woher / du / ?   _____

e) nicht / ich / komme / Berlin / aus   _____

f) geht / wie / Ihnen / es / ?   _____

g) es / auch / geht / gut / nicht / Peter   _____

h) Herr / Sie / Meier / sind / ?   _____

i) du / in / Frankfurt / wohnst / auch / ?   _____

j) dein / das / Familienname / ist / ? _____

k) Sie / bitte / buchstabieren / !   _____

6 Welche Antwort passt? Verbinden Sie. 適切な答えを選びなさい。

a) Wie geht's dir?

b) Wie heißt du?

c) Woher kommen Sie?

d) Wo wohnen Sie?

e) Wie ist Ihr Familienname?

f) Wie ist dein Vorname?

g) Wie geht es Ihnen?

h) Bist du Taro?

i) Wohnst du in Köln?

1) Aus Chiba.

2) Suzuki.

3) Danke, gut. Und Ihnen?

4) Ja, das bin ich.

5) Ich heiße Anne.

6) Es geht. Und dir?

7) Nein, ich wohne in Kiel.

8) Hanako.

9) In Berlin.

a)	b)	c)	d)	e)	f)	g)	h)	i)

7 Hier gibt es Fehler. Wo sind sie? Suchen Sie den Fehler und schreiben Sie das Wort richtig. 例にならって間違っている箇所に下線を引き、正しく書き直しなさい。

falsch	richtig	falsch	richtig
a) buch<u>sch</u>tabieren → _buchstabieren_		f) heisen → _____	
b) Widersehen → _____		g) Abent → _____	
c) Familyname → _____		h) komen → _____	
d) Telefonnumer → _____		i) Dancke → _____	
e) Deutshland → _____		j) Ingland → _____	

8 Zählen Sie laut bis hundert. 声に出して 100 まで数えなさい。

a) zwei – vier – sechs – acht ...

b) drei – sechs – neun – zwölf ...

c) fünf – zehn – fünfzehn ...

d) eins – hundert – zwei – neunundneunzig – drei – achtundneunzig ...

e) eins – drei – sechs – zehn – fünfzehn – einundzwanzig ...

9 Wie viel ist das? Rechnen Sie laut. いくつになりますか。声を出しながら計算し文字で書きなさい。

$$+ \text{ plus} \quad - \text{ minus} \quad \times \text{ mal} \quad : \text{ durch} \quad = \text{ ist}$$

10 Ergänzen Sie die Zahlen. 例にならって金額を書き入れなさい。

a) € 98,20 — _achtundneunzig Euro zwanzig (Cent)_

b) € 125,00 — (ein)hundertfünfundzwanzig Euro

c) € 0,75 — _fünfundsiebzig Cent_

d) € 0,50 — _____

e) € 62,00 — _____

f) _____ — fünfzehn Euro sechsundachtzig

g) € 27,00 — _____

h) _____ — neununddreißig Cent

i) € 46,31 — _____

j) _____ — dreiundachtzig Euro

k) € 210,95 — _____

l) _____ — zwölf Euro zweiundzwanzig

m) € 1.358,00 — _____

n) _____ — achttausendvierhundertsechsunddreißig Euro

4

Lektion 2 Länder, Sprachen, Studium

❶ Antworten Sie in ganzen Sätzen und malen Sie ein Bild von sich.
自分の絵を描き、文で答えなさい。

a) Wie heißen Sie?

_____

b) Wie ist Ihr Vorname?

_____

c) Wie ist Ihr Familienname?   _____

d) Woher kommen Sie?   _____

e) Wo wohnen Sie?   _____

f) Wie ist Ihre Telefonnummer?   _____

g) Sind Sie Frau/Herr Schwarzenegger?   _____

❷ Länder und Sprachen. Ergänzen Sie. 国名または言語を補いなさい。

Land	Sprache
a) Spanien	_____
b) Amerika, England, ...	_____
c) Russland	_____
d) Japan	_____
e) _____	Italienisch und Deutsch
f) _____	Französisch
g) _____	Deutsch
h) _____	Englisch und Französisch

5

❸ Woher kommen die Leute? Welche Sprache sprechen sie?

どこの国の人ですか？何語を話しますか？例にならって文を作りなさい。

Beispiel:
Der Mann kommt aus China.
Er ist Chinese.
Er spricht Chinesisch.

r Mann 男性

Die Frau kommt aus Korea.
Sie ist Koreanerin
Sie spricht Koreanisch.

e Frau 女性

a) _____

_____

_____

b) _____

_____

c) _____

_____

die Schweiz
→ aus der Schweiz

d) _____

_____

_____

❹ Welche Antwort passt? Kreuzen Sie an. 適切な答えに×をつけなさい。

a) Wo wohnt sie?

☐ In Dresden.

☐ Aus Berlin.

☐ Ich wohne in der Schweiz.

b) Woher kommen Sie?

☐ Sie kommen aus Bern.

☐ Sie kommt aus Frankreich.

☐ Ich komme aus Japan.

c) Sind Sie Herr Groß?

☐ Ja, das bin ich.

☐ Das bin ich.

☐ Nein, sie sind Herr Klein.

d) Wo wohnen sie?

☐ Sie wohnen in Tokyo.

☐ Sie wohnt in München.

☐ Ich wohne in Hamburg.

Achten Sie auf die unterschiedliche
Bedeutung von „sie" (*sg.*), „sie" (*pl.*)
und „Sie" (*sg., pl.*).

sie, sie と Sie の意味の違いに注意！

sie（単数）彼女

sie（複数）かれら

Sie（単数・複数）あなた、あなたがた

6

5 Ergänzen Sie. 例にならって空欄を補いなさい。

	sein	heißen	kommen	wohnen	gehen
ich	bin			.	
du			kommst		
er/es/sie (*sg.*)*		heißt			
sie (*pl.*)*/Sie				wohnen	

* *sg.*= 単数 *pl.*= 複数

6 Schreiben Sie 7 Fragesätze und die Antworten. 疑問文 7 つとその答えを書きなさい。

Wo	ist	Ihre Telefonnummer?
Wie	kommt	Sarah und Sven?
Woher	wohnt	dein Name?
	kommen	Frau Schulz?
	wohnen	Hans?

Julia.
85 64 72
Sie wohnen in Hamburg.
Sie/Er wohnt in Bern.
Sie/Er kommt aus Wien.
Sie kommen aus Köln.

Beispiel: Wo wohnt Frau Schulz?   Sie wohnt in Bern.

a) _____?

_____

b) _____?

_____

c) _____?

_____

d) _____?

_____

e) _____?

_____

f) _____?

_____

g) _____?

_____

7 Wer ist das? Schreiben Sie Sätze.　イラストの人物について作文しなさい。

Name:　　　　Hanna Wenders
Nationalität: Österreicherin
Geburtsort:　Wien
Wohnort:　　Stuttgart
Alter:　　　　21
Sprachen:　　Deutsch und Englisch

Das ist Hanna Wenders.

Sie ist 21.

Alter　年齢

Name:　　　　Bernd Bauer
Nationalität: Deutscher
Geburtsort:　München
Wohnort:　　Bremen
Alter:　　　　23
Sprachen:　　Deutsch und Französisch

8 Was passt nicht?　例にならって合わない語を消しなさい。

a) Englisch – ~~Franzose~~ – Italienisch – Russisch

b) China – Amerika – Deutsch – Österreich

c) Deutsche – Schweizerin – Russin – Japaner

d) Anglistik – BWL – Tennis – Medizin

e) Physik – Germanistik – Biologie – Chemie

f) Spanisch – Deutsch – Koreanisch – Japanologie

9 Worträtsel – Wie heißen die Fächer?　例にならって音節を並び替え、専攻名を書きなさい。

a) THE MA TIK MA　　　　MATHEMATIK

b) DA GIK PÄ GO

c) GIE LO BIO

d) CHO GIE LO PSY

e) TE SCHICH GE

f) DI ME ZIN _____

g) MA ZIE PHAR _____

h) ZIO SO GIE LO _____

i) TRIEBS LEH BE SCHAFTS RE WIRT _____

⑩ Ergänzen Sie. 空欄を補いなさい。

a) _____ ist deine Telefonnummer?　　– _____ Telefonnummer ist 74 36 12.

b) _____ kommt Bill?　　– _____ kommt _____ England.

c) _____ wohnt Johanna?　　– _____ wohnt _____ Erfurt.

d) _____ geht es Ihnen?　　– Danke, gut und _____ ?

e) _____ heißt du?　　– _____ heiße Simon.

⑪ Ergänzen Sie. 例にならって空欄を補いなさい。

	haben	sprechen	nehmen	sein
ich	habe			
du	hast	sprichst		
er/es/sie			nimmt	
wir			nehmen	
ihr		sprecht		
sie/Sie				

⑫ Beantworten Sie die Fragen. 正しい動詞を補いなさい。

a) Was machen Sie hier?

　– Ich _____ Wirtschaft und _____ Englisch.

b) Und was macht ihr hier?　　– Wir _____ Deutsch.

c) Lernst du auch Deutsch?　　– Nein, ich _____ Französisch.

d) Und was studierst du?　　– Ich _____ BWL und Informatik.

e) Am Montag habe ich Informatik. Ihr auch?

　– Nein, am Montag _____ wir nicht Informatik.　　am ... …に

⑬ Das ist Annas Stundenplan. Schreiben Sie darüber.　Anna の時間割を見て作文しなさい。

Annas Stundenplan

Zeit	Montag	Dienstag	Mittwoch	Donnerstag	Freitag
1		Französisch	Psychologie	Französisch	
2	Pädagogik		Literatur		Geschichte
3	Geschichte				
4		Pädagogik		Linguistik	

Heute ist Montag. Anna hat heute Geschichte und Pädagogik.

Morgen hat sie _____

Am Mittwoch hat sie _____

_____

Am Samstag und Sonntag hat sie nichts.

⑭ Schreiben Sie Ihren Stundenplan und berichten Sie darüber.
自分の時間割を書いて作文しなさい。

Stundenplan von: _____ (Name)

Zeit	Montag	Dienstag	Mittwoch	Donnerstag	Freitag	Samstag
1						
2						
3						
4						

Am Montag habe ich _____

_____

_____

_____

_____

_____

10

⑮ **Ergänzen Sie.** 正しい語尾を補いなさい。

a) Was mach____ Christian?   – Er studier____ Japanologie in Köln.

Sprich____ er Japanisch?   – Ja, er sprich____ aber auch Chinesisch.

b) Was studier____ ihr?   – Wir studier____ Chemie.

Lern____ ihr Englisch?   – Ja, und wir lern____ auch Russisch.

c) Was mach____ Daniel und Lisa?   – Sie studier____ Geschichte.

Lern____ sie auch Sprachen?   – Ja, sie lern____ Spanisch.

d) Was hab____ ihr heute?

– Ich hab____ heute Deutsch und Maria ha____ heute Französisch.

e) Sprich____ du gut Deutsch?   – Nein, ich sprech____ nur ein bisschen.

⑯ **Beantworten Sie die Fragen über sich selbst.** 自分について答えなさい。

a) Woher kommst du? _____

b) Wo wohnst du? _____

c) Was studierst du? _____

d) Lernst du Englisch? _____

e) Sprichst du gut Englisch? _____

f) Hast du heute Informatik? _____

g) Was hast du am Mittwoch? _____

⑰ **Machen Sie ein Interview mit einem Freund oder einer Freundin. Benutzen Sie die Fragen aus Aufgabe 16 und schreiben Sie dann über ihn/sie einen Text.**
上の問題 16 の質問を使って友達にインタビューし作文しなさい。友達の絵を描きなさい。

11

⑱ Fang und Daniel treffen sich zufällig in Deutschland. Schreiben Sie den Dialog in der richtigen Reihenfolge.

ファンとダニエルがたまたまドイツで出会います。正しい順に並べて、対話を書きなさい。

( ) Ja, ich bin aus Frankfurt.

( ) Ach so. Also dann, viel Spaß noch. Tschüs!

( ) Ich heiße Fang.

( ) Nein, ich bin Tourist hier.

( ) Hallo, ich bin Daniel. Und wie heißt du?

( ) Nein, ich komme aus China, aus Beijing. Und du, bist du Deutscher?

( ) Sag mal, kommst du aus Korea?

( ) Danke! Ich lerne jetzt Deutsch an der Universität in Beijing.

( ) Tschüs!

( ) Ja, ich studiere hier BWL. Studierst du auch hier in Berlin?

( ) Was machst du hier in Berlin? Bist du Student?

( ) Du sprichst sehr gut Deutsch.

viel Spaß noch これからまだ大いに楽しんでね
r Tourist, -en 観光客
sag mal ところで

Lektion 3 Essen und Trinken

1 Was ist das? 例にならって定冠詞をつけて食べ物と飲み物の名前を書きなさい。

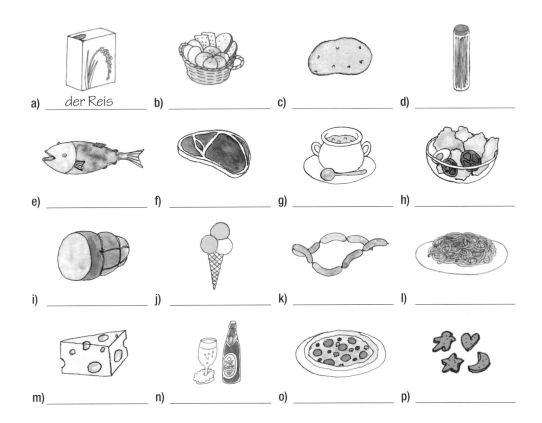

a) der Reis   b) _____   c) _____   d) _____

e) _____   f) _____   g) _____   h) _____

i) _____   j) _____   k) _____   l) _____

m) _____   n) _____   o) _____   p) _____

2 Ordnen Sie zu. 例にならって分類しなさい。

Getränke	Gemüse	Obst	Süßigkeiten und Dessert
Orangensaft	Kartoffeln	Erdbeeren	Eis

Tee ~~Erdbeeren~~ ~~Eis~~ ~~Orangensaft~~ ~~Kartoffeln~~ Kuchen Milch Zitronen Apfelsaft
Kopfsalat Bananen Gurken Schokolade Kirschen Zwiebeln Bier Kekse
Melonen Weintrauben Sekt Tomaten Kaffee Paprika Mineralwasser

3 Was isst/trinkst du gern und was nicht gern? Interviewen Sie 3 Personen und fassen Sie zusammen. 3人にインタビューしてメモし、作文しなさい。

ⓐ Tragen Sie in die Tabelle ein. 答えを表に書き入れなさい。

	ich			
☺				
☹				

ⓑ Fassen Sie zusammen. 例にならって作文しなさい。

Beispiel:		Julia	
	☺	Kuchen, Erdbeeren Milch, Tee	Julia isst gern Kuchen und Erdbeeren, aber nicht gern Bananen und Fisch.
	☹	Bananen, Fisch Bier	Und sie trinkt gern Milch und Tee, aber nicht gern Bier.

_____

_____

_____

_____

_____

_____

_____

4 Ergänzen Sie. 例にならって空欄を補いなさい。

	essen	trinken	geben	benutzen
ich	esse			
du		trinkst		
er/es/sie			gibt	
wir				
ihr				benutzt
sie/Sie		trinken		

14

5 Ergänzen Sie die Verben in der richtigen Form. 動詞を正しい形にして補いなさい。

„essen" oder „trinken"?

a) _____ du gern deutsch?   – Ja, ich _____ gern deutsch.

b) Lisa _____ gern Suppe, aber nicht so gern Spaghetti.

c) Was _____ du lieber, Cola oder Orangensaft?

d) _____ ihr zum Frühstück Brot? – Ja, wir _____ Brot.

e) Am liebsten _____ wir Reis und _____ Mineralwasser.

„geben" oder „benutzen"?

f) Japaner _____ Stäbchen, aber Deutsche _____ Messer und Gabel.

g) Zum Abendessen _____ es Fisch und Gemüse.

h) Du, Peter, _____ du zum Essen Stäbchen?

   – In Japan ja, aber in Deutschland benutze ich immer Besteck.

i) Es _____ in Frankreich viele Käsesorten.   Käsesorten チーズの種類

6 Was isst du zum Frühstück / zu Mittag / zu Abend? Interviewen Sie zwei Personen und fassen Sie zusammen. ２人にインタビューし、結果を表に書き入れ、作文しなさい。

	ich		
zum Frühstück			
zu Mittag			
zu Abend			

Ich esse zum Frühstück _____

Zu Mittag esse ich _____

_____

_____

_____

_____

_____

7 **Was passt nicht?** 例にならって仲間はずれをさがしなさい。

a) Schinken – Salami – Wurst – ~~Fisch~~

b) Wurst – Joghurt – Käse – Butter

c) Tomaten – Äpfel – Bananen – Erdbeeren

d) Salat – Tomaten – Eis – Kartoffeln

e) Cola – Apfelsaft – Mineralwasser – Bier

f) Tee – Cola – Kekse – Kaffee

g) Wein – Suppe – Pizza – Kuchen

h) Nudeln – Salat – Reis – Brot

i) Pfeffer – Zucker – Serviette – Salz

j) Gabel – Stäbchen – Löffel – Messer

8 **„ja", „nein" oder „doch"? Antworten Sie.** 例にならって空欄を補いなさい。

a) Benutzen Deutsche immer Stäbchen?

– _Nein_ , sie benutzen meistens Messer und Gabel.

b) Isst du nicht gern Käse? – _____ , ich esse gern Käsefondue und Pizza.

c) Wir gehen essen. Kommt ihr nicht mit? – _____ , wir lernen zu Hause Deutsch.

d) Hat Mia morgen nicht Englisch?

– _Doch, sie hat morgen Englisch._ (Mia hat jeden Tag Englisch.)

e) Sprichst du gut Japanisch? – _____

_____ (Ich bin Japaner und wohne in Japan.)

f) Heute ist Donnerstag. Lernt ihr morgen nicht Italienisch? – _____

_____ (Wir haben jeden Freitag Italienisch.)

g) Kommen Sie aus Deutschland? – _____

_____ (Ich wohne in Berlin und spreche Deutsch, aber ich bin Österreicher.)

jeden Tag 毎日   jeden Freitag 毎金曜日   immer いつも

9 **„mit" oder „ohne"? Ergänzen Sie.** 空欄を補いなさい。

a) Ich trinke Kaffee _____ Milch, aber _____ Zucker.

b) Sie trinken Tee _____ Zitrone.

c) Kathrin trinkt Kaffee _____ Milch und Zucker.

d) Andreas trinkt Tee _____ Milch und Zucker.

10 Lesen Sie den Text und antworten Sie. テキストを読んで後の問いに答えなさい。

Das ist Anna. Sie ist 26 Jahre alt und kommt aus der Schweiz, aber sie wohnt seit einem Jahr in Hamburg in Deutschland.
Heute ist Samstag. Anna hat morgens keinen Hunger und trinkt nur einen Kaffee.
Aber mittags hat sie großen Hunger und isst Pizza Margherita und einen Salat dazu, denn sie isst sehr gern italienisch.
Nachmittags spielt Anna mit Freunden zusammen Squash.
Am Abend gehen sie alle zusammen essen. Vom Squash spielen haben sie großen Durst. Sie trinken zuerst Alsterwasser, dann essen sie Käsebrot und Wurstsalat.

nur だけ　keinen Hunger haben お腹が空いていない　großen Hunger haben お腹がすごく空いている　vom Squash spielen スカッシュをしたことから　großen Durst haben すごく喉が渇いている　Alsterwasser ビールが入った炭酸飲料

Richtig (r) oder falsch (f)? 正しいものにはr、間違いにはfをつけなさい。

a) Anna wohnt jetzt in Deutschland.
b) Sie kommt aus Österreich.
c) Morgens isst sie nichts.
d) Sie isst nicht gern italienisch.
e) Morgens trinkt sie nichts.
f) Mittags hat sie keinen Hunger.
g) Sie isst zu Mittag Spaghetti und trinkt Espresso.
h) Nachmittags spielt sie Squash.
i) Zu Abend essen Anna und ihre Freunde Käsebrot und Wurstsalat.
j) Abends trinken sie Mineralwasser.

a)	b)	c)	d)	e)	f)	g)	h)	i)	j)
r									

11 Würfelspiel　サイコロゲーム

Bilden Sie 3er- oder 4er-Gruppen. Benutzen Sie Spielfiguren und Würfel. 3～4人グループで、サイコロとコマを用いてゲームをしなさい。それぞれの場所で指定の主語をつけ、文を作って言いなさい。

Beispiel: 　Ich wohne in Otaru.

　　　　　　Ihr lernt Deutsch.

　　　　　　Sie studieren Jura.

Start	1 in Otaru wohnen	2 Schmidt heißen	3 zu Abend essen	4 Kaffee trinken	5 Deutsch lernen
6 Jura studieren	7 aus Tokyo kommen	8 aus Kumamoto sein	9 Englisch haben	10 Koreanisch lernen	11 zu Mittag essen
12 Deutsch sprechen	13 E-Mails schreiben	14 essen gehen	15 französisch essen	16 in Sapporo wohnen	17 Brot essen
18 Deutscher/ Deutsche sein	19 Hausarbeit machen	20 aus Osaka kommen	21 Milch trinken	22 Mathematik haben	23 Englisch sprechen
24 Suppe essen	25 Spanisch lernen	26 Literatur haben	27 Anglistik studieren	28 Chinesisch sprechen	Ziel

Hausarbeit　家事

Lektion 4 Freizeit und Hobbys

1 Buchstaben-Wirrwarr: Finden Sie mindestens 15 Hobbys.
例にならって趣味に関する語を 15 探しなさい。

A	G	O	L	F	S	P	I	E	L	E	N	O	M	F
I	X	K	I	O	V	G	M	U	S	G	Ä	B	U	U
N	E	A	C	T	A	N	Z	E	N	C	H	E	S	ß
S	B	R	A	O	D	E	R	F	U	ß	E	Y	I	B
K	Ö	A	M	G	I	T	A	R	R	E	N	U	K	A
I	N	T	E	R	N	E	T	S	U	R	F	E	N	L
N	Z	E	F	A	S	C	H	A	C	H	Ö	E	P	L
O	T	M	I	F	B	R	E	I	S	E	N	I	M	S
G	O	A	F	I	R	A	L	M	C	Ä	Q	N	I	E
E	S	C	R	E	N	D	F	E	H	N	E	K	V	H
H	A	H	Ü	R	Y	F	H	O	W	L	K	A	J	E
E	K	E	D	E	L	A	P	D	I	E	X	U	F	N
N	I	N	S	N	V	H	J	E	M	C	E	F	A	H
K	O	C	H	E	N	R	U	Z	M	A	L	E	N	U
P	Ä	H	Q	I	K	E	I	K	E	B	A	N	A	Z
E	S	I	N	G	E	N	T	E	N	N	I	S	X	T

2 Welche Verben passen? Ordnen Sie zu. 例にならって正しい動詞を選んで結びなさい。

a) Gitarre   1) sehen

b) ins Kino   2) spielen

c) Zeitschriften   3) machen

d) Baseballspiele   4) spielen

e) Musik   5) gehen

f) Sport   6) sehen

g) Rad   7) spielen

h) Volleyball   8) lesen

i) Judo   9) machen

j) Fußball   10) hören

k) Filme   11) fahren

3 Ordnen Sie die Hobbys zu. 例にならって語句を書き入れなさい。

Klavier spielen   Romane lesen   reisen   Musik hören
ins Konzert gehen   im Garten arbeiten   fotografieren   fernsehen
tanzen   Auto fahren   telefonieren   spazieren gehen   Baseball spielen
Fußball spielen   kochen   E-Mails schreiben   Rad fahren
ins Kino gehen   schwimmen   einkaufen gehen

a) Klavier spielen   b) _____   c) _____   d) _____

e) _____   f) _____   g) _____   h) _____

i) _____   j) _____   k) _____   l) _____

m) _____   n) _____   o) _____   p) _____

q) _____   r) _____   s) _____   t) _____

4 Was machst du gern? Fragen Sie Ihre Freunde und Bekannten.
友達に好きなことについて尋ねなさい。

ⓐ Tragen Sie die Antworten in die Tabelle ein. 答えを表に書き入れなさい。

	ich				
Hobby					

ⓑ Fassen Sie zusammen. 例にならって作文しなさい。

Beispiel:

	Martin
Hobby	Rad fahren

Martin fährt gerne Rad.

5 Ergänzen Sie. 例にならって空欄を補いなさい。

	spielen	reisen	lesen	fahren	sehen
ich			lese		
du	spielst		liest		
er/es/sie		reist		fährt	sieht
wir		reisen			sehen
ihr	spielt				
sie/Sie				fahren	

6 Setzen Sie das richtige Verb in der passenden Form ein. Sie müssen nicht alle Verben verwenden. 動詞を正しい形にして空欄に書き入れなさい。全部の動詞を使わなくてもよい。

lernen hören spielen gehen fahren machen lesen kommen

a) Martin ___hört___ sehr gerne Musik.

b) Susanne und ich treffen uns morgen. Wir _____ zusammen Rad.
_____ du mit?

c) Mein Hobby ist Sprachen lernen. Ich spreche Japanisch und Englisch und _____ jetzt Deutsch.

d) _____ ihr gerne Romane? – Nein, wir _____ lieber Krimis.

e) Sabine und Ina _____ morgen in die Stadt. Sie _____ ins Kino und dann in die Karaoke-Bar.

f) _____ du gerne Auto? – Nein, ich _____ lieber Rad.

21

7 Beantworten Sie die Fragen.　質問に答えなさい。

a) Liest du gerne Comics?　_____

b) Machst du lieber Karate oder Judo?　_____

c) Was machst du am liebsten?　_____

d) Was machen Sie in Ihrer Freizeit?　_____

e) Gehen Sie auch gern ins Kino?　_____

f) Ich höre gern klassische Musik. Sie auch?　_____

8 Beantworten Sie die Fragen.　絵を見て質問に答えなさい。

a) Fahrt ihr lieber Rad oder lieber Auto?　_____

b) Spielt ihr gern Fußball?　_____

c) Was macht Lara gern?　_____

d) Was machen Susanne und Philipp gern?　_____

e) Sieht Herr Schmidt lieber Baseballspiele oder Fußballspiele?

_____

a) 　b) 　c) 　d) 　e)

ihr に対する答えは？

ihr → _____

9 Habt ihr Zeit? Ordnen Sie den Dialog.　正しい順番に並べ対話を作りなさい。

Ja, sehr gern.　　Ihr auch?　　Fahren wir dann zusammen Rad?

Habt ihr Samstagnachmittag Zeit?　　Ja, wir fahren auch sehr gern Rad.

~~Ich fahre gern Rad.~~　　Ja, Samstagnachmittag haben wir Zeit.

ⓐ Schreiben Sie den Dialog.　上の対話を書きなさい。

A: Ich fahre gern Rad. _____　B: _____

A: _____　B: _____

A: _____　B: _____

ⓑ Schreiben Sie einen eigenen Dialog.　自分で対話を作りなさい。

A: _____　B: _____

A: _____　B: _____

A: _____　B: _____

22

10 Was machen die Leute gern? Ergänzen und schreiben Sie.

次の人々の好きなことについてあなたの意見を書きなさい。

a) Ich glaube, Japaner _____

   Sie _____ auch gern _____

   Ich glaube, sie _____ nicht so gern _____

   Sic _____ lieber _____

b) Ich glaube, Amerikaner _____

   _____

   _____

   _____

c) Ich glaube, die Leute in Hokkaido _____

   _____

   _____

   _____

11 Ergänzen Sie. 空欄を補いなさい。

	können	möchten
ich		möchte
du		
er/es/sie	kann	
wir		möchten
ihr	könnt	
sie/Sie		

12 Ergänzen Sie. 例にならい、（　）の助動詞を正しい形にして補いなさい。

a) __Könnt__ ihr Auto fahren? (können)

   – Nein, wir _____ nicht Auto fahren, aber wir _____ Rad fahren. (können)

b) Tim _____ heute im Club tanzen. _____ du auch mitkommen? (möchten)

c) Ich _____ Klavier spielen. _____ ihr auch Klavier spielen?

   – Nein, aber Peter _____ Klavier spielen. (können)

d) Peter und Beate _____ heute Abend ins Kino gehen. (möchten)

   Heute Abend _____ sie aber nicht. (können)

e) Ich _____ deutsch kochen. _____ Sie auch deutsch kochen? (können)

⓭ Suchen Sie Personen, die mit „Ja" antworten.　Ja で答える人を探しなさい。

ⓐ Ergänzen Sie die Fragen. Machen Sie ein Interview in der Klasse.
例にならって、問いの空欄を補い、クラスでインタビューし、Ja で答えた人の名前を書き入れなさい。

Beispiel: Kannst du Fußball spielen?

⎧ Nein, ich kann nicht Fußball spielen. (Takuma)
⎩ Ja, ich kann Fußball spielen. (Shota)

Fragen	Name
1.　Kannst du Fußball ___spielen___ ?	Shota
2.　Kannst du Auto _____ ?	_____
3.　Möchtest du am Samstag einkaufen _____ ?	_____
4.　Kannst du Klavier _____ ?	_____
5.　Möchtest du heute Abend Kuchen _____ ?	_____
6.　Möchtest du in die Karaoke-Bar _____ ?	_____
7.　Möchtest du klassische Musik _____ ?	_____
8.　Kannst du Spaghetti _____ ?	_____
9.　Möchtest du nach Deutschland _____ ?	_____
10.　Möchtest du gerne Comics _____ ?	_____
11.　Möchtest du Samstagabend Filme _____ ?	_____

fahren　lesen　gehen　hören　backen　~~spielen~~
kochen　gehen　sehen　reisen　spielen

ⓑ Wer sagt „Ja"? Fassen Sie zusammen.　例にならって、結果を作文しなさい。

1.　Shota kann Fußball spielen.
2.　_____
3.　_____
4.　_____
5.　_____
6.　_____
7.　_____
8.　_____
9.　_____
10.　_____
11.　_____

Lektion 5 Familie und Berufe

1 Was sind diese Leute von Beruf? Ordnen Sie zu. 例にならって職業名を書きなさい。

~~Angestellter~~ Arzt Bankangestellte Krankenpflegerin Frisörin Schüler
Verkäufer Kellnerin Lehrerin Studentin Apotheker Ingenieur

a) _Angestellter_   b) _____   c) _____

d) _____   e) _____   f) _____

g) _____   h) _____   i) _____

j) _____   k) _____   l) _____

2 Ergänzen Sie. 例にならって補いなさい。(教科書 15 ページ参照)

a) ich → _mein_ b) du → _____ c) Sie → _____ d) er → _____ e) es → _____

f) sie → _____ g) wir → _____ h) ihr → _____ i) Sie → _____ j) sie → _____

3 Ergänzen Sie. 例にならって補いなさい。

a) ich → _mein_ Vater   b) du → _____ Schwester   c) Sie → _____ Bruder

d) er → _____ Mutter   e) es → _____ Geschwister   f) sie → _____ Eltern

g) wir → _____ Kind   h) ihr → _____ Cousin

i) Sie → _____ Großeltern   j) sie → _____ Tante

4 Welche Antwort passt? Verbinden Sie. 適切な答えを選びなさい。

a) Wer ist das?   1) Ja.

b) Haben Sie Geschwister?   2) Er ist Beamter.

c) Wie heißt sein Bruder?   3) Sie ist meine Schwester.

d) Ist das Ihre Mutter?   4) Das ist mein Vater.

e) Wie alt ist Ihre Schwester?   5) Nein, ich bin Einzelkind.

f) Wer ist Anne?   6) Ja, aber sie arbeitet Teilzeit.

g) Was ist ihr Vater von Beruf?   7) Er heißt Thomas.

h) Ist eure Mutter Hausfrau?   8) Sie ist 14.

a)	
b)	
c)	
d)	
e)	
f)	
g)	
h)	

5 Ergänzen Sie die Fragewörter „was" oder „wie" und antworten Sie dann.
適切な疑問詞を補い、あなたの家族や自分自身について答えなさい。

a) _____ sind Ihre Eltern von Beruf? _____

_____

b) _____ sind Ihre Eltern? _____

_____

c) _____ machen Ihre Eltern gern? _____

_____

d) _____ machen Ihre Geschwister gern? Ihre Cousins? Ihre Cousinen?

_____

_____ sind sie von Beruf? _____

_____ alt sind sie? _____

e) _____ sind Sie von Beruf? _____

f) _____ alt sind Sie? _____

6 Wie heißt das Gegenteil?　対義語を書きなさい。

a) alt　　　　–　_____

b) klein　　　–　_____

c) fleißig　　–　_____

d) dick　　　–　_____

e) interessant　–　_____

f) freundlich　　–　_____

g) sympathisch　–　_____

h) streng　　　　–　_____

> jung　unfreundlich　groß　langweilig　dünn　unsympathisch　faul　nett

7 Bilden Sie Fragesätze über Julias Familie.　ユリアの家族について疑問文を作りなさい。

a)　_Wo wohnen Julias Eltern?_　　　　　　Ihre Eltern wohnen in Stuttgart.

b)　_____ ?　Ihr Vater ist Ingenieur.

c)　_____ ?　Nein, sie ist Erzieherin.

d)　_____ ?　Sie liest gern Romane und geht gern einkaufen.

e)　_____ ?　Ja, sie hat eine Schwester und einen Bruder.

f)　_____ Schwester _____ ?　Sie ist Hausfrau.

g)　_____ Bruder?　Er studiert Wirtschaft.

8 Haben die Leute Geschwister? Antworten Sie.　例にならって作文しなさい。

Beispiel: Hat Hanna Geschwister?

　　　Ja, sie hat einen Bruder, aber keine Schwester.

a) Hat Max Geschwister?　_____

b) Hat Jens Geschwister?　_____

c) Hat Sabine Geschwister?　_____

d) Haben Sie Geschwister?　_____

9 Beschreiben Sie Ihre positiven Seiten.　あなたの長所について書きなさい。

Beispiel:　_Ich bin groß und schlank. Ich finde, ich bin fleißig und freundlich._

_____

_____

Lektion 5

27

⑩ „ein", „eine", „einen", „kein", „keine" oder „keinen"? Ergänzen Sie.
空欄に不定冠詞または否定冠詞を補いなさい。

a) Ich habe _____ Schwester, aber _____ Bruder.

b) Frau Bach hat _____ Cousin in Berlin und _____ Cousine in München.

Ihr Cousin hat _____ Tochter und zwei Söhne.

Ihre Cousine ist nicht verheiratet, aber hat _____ Kind.

c) Hanna hat _____ Tante in Amerika. Die Tante hat _____ Sohn.

d) Marie hat _____ Onkel, aber _____ Tante.

e) Niklas hat _____ Geschwister. Er ist Einzelkind.

⑪ Hier gibt es Fehler. Wo sind sie? Suchen Sie den Fehler und schreiben Sie das Wort
richtig. 例にならって間違っている箇所に下線を引き、正しく書き直しなさい。

	falsch		richtig		falsch		richtig
a)	Angesch<u>t</u>ellte	→	Angestellte	g)	Verkaufer	→	_____
b)	Apoteker	→	_____	h)	Vatter	→	_____
c)	Beamterin	→	_____	i)	Beluf	→	_____
d)	Kaufman	→	_____	j)	Housfrau	→	_____
e)	Kelner	→	_____	k)	Cusin	→	_____
f)	arbeitlos	→	_____	l)	Swester	→	_____

⑫ Nennen Sie 5 berühmte Personen, z.B. Filmstars, Sportler, Schriftsteller usw.
Wie finden Sie sie? Schreiben Sie.
有名人（映画俳優、スポーツ選手、作家など）5人の名前を挙げ、あなたの意見を書きなさい。

Beispiel:　Ich finde Haruki Murakami sehr interessant.

Ich finde Sanma Akashiya lustig und sympathisch.

_____

_____

_____

_____

_____

13 Fragen Sie sich gegenseitig.　互いの家族について質問しなさい。

Beispiel: Wie alt ist dein Vater? Wie ist er? Was ist er von Beruf?

Was macht er gern? ....

ⓐ Tragen Sie die Antworten in die Tabelle ein.　答えを表に書き入れなさい。

	Familie von Rena	Meine Familie	Familie von _____
Vater	48, streng, Lehrer Tennis spielen		
Mutter	51, klein, nett Hausfrau Krimis lesen		
Schwester/ Cousine	25, fleißig Beamtin Fußball spielen		
Bruder/ Cousin	19, faul, lustig BWL studieren im Internet surfen		

ⓑ Fassen Sie zusammen.

Beispiel:　Der Vater von Rena ist 48 Jahre alt. Er ist Lehrer und streng. Er spielt gern Tennis. Renas Mutter ist 51 Jahre alt und Hausfrau. Sie ist klein und nett. Sie liest gern Krimis. Renas Schwester ist 25 Jahre alt und Beamtin. Sie ist fleißig und spielt gern Fußball. Der Bruder von Rena ist 19 Jahre alt. Er ist faul und lustig. Er studiert BWL und surft gern im Internet.

⓮ Schreiben Sie über Ihre Familie. あなたの家族について自由に作文しなさい。

これまで学習した事柄 — 名前、年齢、出身、住んでいるところ、職業、学生なら専攻、外見、印象、趣味、
好きな食べ物、飲み物など — を入れなさい。

Lektion 6   Gegenstände und Einkaufen

1 „der", „die" oder „das"?   例にならって定冠詞を補いなさい。

a) _der_ PC

b) _____ Zeitschrift

c) _____ Brille

d) _____ Bleistift

e) _____ Rucksack

f) _____ Heft

g) _____ Zeitung

h) _____ Uhr

i) _____ Lineal

j) _____ Wörterbuch

k) _____ Kugelschreiber

l) _____ Monatskarte

2 Wie heißt der Singular? Wie heißt der Plural?
次の名詞を例にならって分類し、定冠詞と複数形を書きなさい。

Kette ~~Buch~~ ~~Handy~~ Lineal ~~Uhr~~ Portmonee ~~Ring~~ ~~MP3-Spieler~~
Lehrbuch Monatskarte Zeitschrift Bleistift Heft Regenschirm
Tasche Schuh ~~Rucksack~~ Ringbuch ~~Brille~~ Etui DVD
Kugelschreiber Radiergummi Jacke Digitalkamera T-Shirt

–   der MP3-Spieler - die MP3-Spieler
_____

-e

der Ring - die Ringe
_____
_____
_____
_____

¨e   der Rucksack - die Rucksäcke

¨er

das Buch - die Bücher
_____

-s

das Handy - die Handys
_____
_____
_____
_____

-n

die Brille - die Brillen
_____
_____
_____

-en   die Uhr - die Uhren
_____

31

3 „ist" oder „sind"? „ein" oder „eine"? „kein" oder „keine"? 例にならって空欄を補いなさい。

a) _Sind_ das Ringe?

   − Nein, das sind _keine_ Ringe, das _sind_ Ohrringe.

b) _____ das _____ Etui?

   − Nein, das ist _____ Etui, das ist _____ Portmonee.

c) Was _____ das? − Das _____ _____ Regenschirm.

d) Was _____ das? − Das _____ Radiergummis aus Japan.

e) Und was _____ das? − Das _____ Bleistifte.

4 Ergänzen Sie wie im Beispiel. 例にならって空欄を補いなさい。不要な箇所には×をつけなさい。

a) Das ist _ein_ Computer. _Er_ ist toll.

b) Das ist _____ Handy. _____ ist praktisch.

c) Das ist _____ Zeitschrift. _____ ist interessant.

d) Das sind _____ DVDs. _____ sind teuer.

e) Schau mal! _Der_ Kugelschreiber. _Den_ finde ich praktisch.

f) Schau mal! _____ Etui. _____ finde ich modern.

g) Schau mal! _____ Zeitung. _____ finde ich interessant.

h) Schau mal! _____ Schuhe. _____ finde ich schick.

i) Hast du _einen_ Rucksack? − Ja, ich habe _einen_ .
   Ich finde _ihn_ toll.

j) Hast du _____ Wörterbuch? − Ja, ich habe _____ .
   Ich finde _____ nützlich.

k) Hast du _____ Monatskarte? − Ja, ich habe _____ .
   Ich finde _____ billig.

l) Hast du _____ Jeans? − Ja, ich habe _____ .
   Ich finde _____ fantastisch.

m) Habt ihr _keinen_ Ring? − Nein, wir haben _keinen_ .

n) Habt ihr _____ Heft? − Nein, wir haben _____ .

o) Habt ihr _____ Uhr? − Nein, wir haben _____ .

p) Habt ihr _____ Wörterbücher? − Nein, wir haben _____ .

5 „ein/e/n", „kein/e/n" oder „x"? Ergänzen Sie oder markieren Sie die Leerstelle.
例にならって空欄を補いなさい。冠詞が不要な箇所には×をつけなさい。

a) Gesa hat ___einen___ Walkman, aber noch ___keinen___ MP3-Spieler.

b) Lea hat immer _____ Taschentuch dabei, aber _____ Papiertaschentücher.

c) Sophie hat _____ Kugelschreiber in der Tasche, aber _____ Bleistift.

d) Martin hat immer _____ Zeitung im Rucksack, aber _____ Bücher.

e) Timo kauft oft _____ DVDs, aber _____ Computerspiele.

6 Ergänzen Sie. Beantworten Sie die Fragen je mit „ja" und „nein".
例にならって空欄を補いなさい。

a) Hast du ___eine___ Digitalkamera?   – Ja, ich habe ___eine___ .

                                                 – Nein, ich habe ___keine___ .

b) Hat Alex _____ Monatskarte?   – Ja, er hat _____ .

                                                 – Nein, _____ .

c) Hat Renata _____ Handy?   – _____ .

                                                 – _____ .

d) Haben Sie _____ Kugelschreiber?   – _____ .

                                                 – _____ .

e) Habt ihr Papiertaschentücher?   – Ja, wir haben welche.

                                                 – Nein, _____ .

f) Sieht Lisa DVDs?   – _____ .

                                                 – _____ .

g) Kauft Tim Jeans?   – _____ .

                                                 – _____ .

h) Brauchen Herr und Frau Meier Schuhe?   – _____ .

                                                 – _____ .

Lektion 6

7 Welches Wort passt nicht? 例にならって、仲間はずれの語をさがしなさい。

a) gut – toll – ~~langweilig~~ – fantastisch

b) schlecht – altmodisch – unpraktisch – super

c) interessant – preiswert – billig – teuer

d) hübsch – unmodern – schick – schön

8 Notieren Sie hier die Gegensatzpaare. 対義語を書きなさい。

a) teuer – _____

b) modern – _____

c) unpraktisch – _____

d) interessant – _____

e) schlecht – _____

9 „den", „die" oder „das"? Und „ihn", „sie" oder „es"? Ergänzen Sie.
例にならって定冠詞と人称代名詞を補いなさい。

a) Wie findest du _die_ Tasche?　　　– Ich finde _sie_ schick.

b) Wie finden Sie _____ Regenschirm?　　　– Ich finde _____ altmodisch.

c) Wie findet ihr _____ Buch?　　　– Wir finden _____ sehr interessant.

d) Wie findet er _____ DVDs?　　　– Er findet _____ langweilig.

e) Wie finden sie _____ Walkman?　　　– Sie finden _____ teuer.

10 Bilden Sie neue Wörter mit Artikel.　例にならって新しい語を作り、冠詞をつけて書きなさい。

a)	der Regen	die Ringe	a)	_der Regenschirm_
b)	der Monat	das Geld	b)	s
c)	die Sonne	das Buch	c)	n
d)	die Tasche	das Tuch	d)	n
e)	der Ring	der Schirm	e)	
f)	die Wörter	das Buch	f)	
g)	die Tasche	die Karte	g)	n
h)	das Ohr	der Schirm	h)	

11 Takahisa braucht ein Wörterbuch.

ⓐ Finden Sie die 10 Fehler im Text und unterstreichen Sie sie.
間違いを 10 個探し、例にならって下線を引きなさい。

Takahisa <u>studierst</u> Germanistik und möchte eins Wörterbuch kaufen. Er hat keinen. Im Geschäft trefft er Lisa. Sie findest das Wörterbuch sehr teuer. Takahisa findet sie aber billig. Er kauft den Wörterbuch. Er sieht auch einen Zeitschrift. Die isst interessant. Takahisa kauft ihn. Danach essen Lisa und er zusammen eins Eis.

ⓑ Korrigieren Sie die Fehler.　例にならって、間違いを直しなさい。

studierst	→	studiert		
_____	→	_____	→	_____
_____	→	_____	→	_____
_____	→	_____	→	_____
_____	→	_____	→	_____
_____	→	_____	→	_____

ⓒ Schreiben Sie den Text noch einmal richtig.　上の文を正しく書きなさい。

35

⓬ Was hast du dabei? Fragen Sie nach den Gegenständen auf der Titelseite.
教科書 46 ページの物を持ち合わせているか尋ねなさい。

ⓐ Machen Sie ein Interview mit 3 Personen und tragen Sie in die Tabelle ein.
3人にインタビューし答えを表に書き入れなさい。

Beispiel: Peter, hast du ein Buch dabei?　　　　　– Ja, ich habe eins dabei.

Peter, hast du einen MP3-Spieler dabei?　– Nein, ich habe keinen dabei.

	ich			
☺				
☹				

ⓑ Fassen Sie zusammen.　例にならって作文しなさい。

Beispiel:

	Peter
☺	Buch
☹	MP3-Spieler

Peter hat ein Buch dabei, aber er hat keinen MP3-Spieler dabei.

Ich

36

Lektion 7 Nach den Ferien

1 Ergänzen Sie die passende Verbform und kreuzen Sie „sein" oder „haben" an.
例にならって空欄を補いなさい。現在完了形の助動詞は sein か、それとも haben か、×印をつけなさい。

		sein	haben			sein	haben
lesen	_gelesen_	☐	☒	singen	_____	☐	☐
_____	gesprochen	☐	☐	_____	getroffen	☐	☐
spielen	_____	☐	☐	essen	_____	☐	☐
_____	geschlafen	☐	☐	gehen	_____	☐	☐
trinken	_____	☐	☐	_____	geschrieben	☐	☐
fahren	_____	☐	☐	reisen	_____	☐	☐
_____	geblieben	☐	☐	teilnehmen	_____	☐	☐
laufen	_____	☐	☐	fliegen	_____	☐	☐
kommen	_____	☐	☐	_____	ferngesehen	☐	☐
_____	eingekauft	☐	☐	telefonieren	_____	☐	☐
_____	gejoggt	☐	☐	vergessen	_____	☐	☐
aufräumen	_____	☐	☐	_____	besucht	☐	☐

2 „haben" oder „sein"? haben または sein を正しい形にして補いなさい。

a) Ich __habe__ in einem Restaurant gejobbt.

b) Paul und Markus _____ eine Reise nach Japan gemacht.

c) _____ ihr in den Ferien eine Reise gemacht?

– Ja, wir _____ nach Deutschland gereist.

d) _____ du schon einmal dein Portmonee verloren?   – Nein, noch nie.

e) Annika _____ am Montag einen Film gesehen.

f) Marie und Johanna _____ am Nachmittag im See geschwommen.

g) Meine Eltern _____ in Amerika gewohnt.

h) _____ ihr das Zimmer aufgeräumt?

– Ja, wir _____ aufgeräumt und eingekauft.

i) _____ Sie in Deutschland studiert?   – Ja, ich _____ in Berlin Jura studiert.

j) _____ du am Wochenende Rad gefahren?

– Nein, ich _____ Fußball gespielt. Und du?

– Ich _____ ins Kino gegangen.

k) _____ ihr zusammen mit dem Auto gekommen?

– Nein, ich _____ mit dem Auto gekommen und Max _____ mit der Bahn

gefahren.

3 Schreiben Sie Sätze im Perfekt.　現在完了形で文を作りなさい。

a)　ich / in einem Restaurant / jobben

　　Ich habe in einem Restaurant gejobbt. / In einem Restaurant habe ich gejobbt.

b)　wir / abends / fernsehen

c)　meine Mutter / vormittags / einkaufen

d)　Sophie / mit Freunden / ins Kino gehen

e)　er / beim Frühstück / die Zeitung lesen　　　　　　　beim Frühstück　朝食の時に

f)　Sie / das Baseballspiel / im Sapporo Dome / sehen?

g)　du / am Wochenende / Lacrosse spielen?

h)　ihr / nach Shiretoko / fahren?

4 Was hast du am Wochenende gemacht? Suchen Sie 3 Personen mit unterschiedlichen Aktivitäten.　週末に何をしたか、同じことをしていない友達3人を探してインタビューしなさい。

a Tragen Sie die Antworten in die Tabelle ein.　答えを表に書き入れなさい。

	ich			
Was?				

b Fassen Sie zusammen.　例にならって作文しなさい。

Beispiel:

	Katja	*Katja ist Rad gefahren.*
Was?	Rad fahren	

38

5 Was hat Julian letzte Woche gemacht? Schreiben Sie. 例にならって作文しなさい。

a) Montag   b) Dienstag   c) Mittwoch   d) Donnerstag

e) Freitag   f) Samstag   vormittags   nachmittags   g) Sonntag

a) _Am Montag ist Julian Rad gefahren._

b) _Am Dienstag_

c) _____

d) _____

e) _____

f) _____

_____

g) _____

Lektion 7

6 Was ist hier falsch? Korrigieren Sie.
例にならって間違っている個所に下線を引き、正しい文を書きなさい。

a) Wir <u>sind</u> gestern Badminton gespielt. → _Wir haben gestern Badminton gespielt._

b) Am Dienstag habe ich einkaufen gegangen. → _____

c) Du bist am Montag eingekauft → _____

d) Habt ihr am Wochenende zu Hause geblieben? → _____

e) Ich bin zwei Jahre in München studiert. → _____

f) Hat Sie gestern angerufen? → _____

g) Gestern sind wir unsere Freunde besucht. → _____

h) Am Freitag bin ich Sport gemacht. → _____

i) Habt ihr gestern das Fußballspiel geseht? → _____

j) Ich habe Musik gehören. → _____

k) Hast du schon mal dein Handy vergeloren? → _____

l) Er hat gefotografiert. → _____

39

7 Schreiben Sie die Karte im Perfekt. 次の絵葉書を現在完了形を使って書き換えなさい。

Rügen, 21.7.2023

Lieber Philipp,
wie geht es dir? Reist du auch in den Ferien? Ich fahre am Wochenende mit Freunden an die Ostsee. Ich schlafe morgens lange. Danach gehen wir an den Strand und spielen Beach Volleyball. Oft schwimmen und surfen wir auch. Abends grillen wir und hören Musik.
Viele Grüße
deine Lisa

grillen　バーベキューする

Berlin, 28.7.2023

Liebe Marie,
wie geht es dir? Bist du auch in den Ferien gereist?
Ich bin am Wochenende _____

_____

_____

_____

_____

Viele Grüße
deine Lisa

40

Lektion 8 Wohnen

1 Ergänzen Sie. 語を選んで書き入れなさい。

a) Familie Meyer wohnt in einem Hochhaus. Das Hochhaus hat 24 _____.
   Die _____ von Familie Meyer liegt im vierten _____.
   Sie hat vier _____, eine Küche, ein Bad, eine Toilette, einen Flur und
   einen _____.

b) Das _____ von Familie Schmidt hat einen Garten. Der Garten ist groß.

c) Jonas Müller wohnt in der _____. Sein Zimmer hat zwei
   _____. Vier _____ wohnen dort.

Balkon   Fenster   Haus
Wohnung   Wohnungen
Zimmer   Studenten
Wohngemeinschaft   Stock

Wer wohnt wo? 誰がどこに住んでいるのか、下の絵の番号を選んで書き入れなさい。

Familie Meyer	
Familie Schmidt	
Jonas Müller	

2 Welche Möbel und Dinge sind das? Schreiben Sie auch den Artikel.
例にならって家具などを表す語を完成させなさい。また、冠詞も補いなさい。

a) (*das*) S o f a
b) (   ) Spi _ g _ l
c) (   ) T _ s _ h
d) (   ) K _ mm _ d _
e) (   ) St _ h _
f) (   ) Bet _
g) (   ) S _ _ rank

h) (   ) R _ g _ l
i) (   ) Teppi _ _
j) (   ) Se _ el
k) (   ) _ oster
l) (   ) Vo _ h _ ng
m) (   ) _ alender
n) (   ) _ amp _

41

3 Wie heißt der Singular? Wie heißt der Plural?
次の名詞を例にならって分類し、定冠詞と複数形を書きなさい。

Schreibtisch Spiegel ~~Uhr~~ Bett Lampe Fernseher Tisch
Fenster Stuhl Computer ~~Wand~~ Radio Schrank Bücherregal
Sessel ~~Teppich~~ ~~Boden~~ Poster ~~Sofa~~ Vorhang ~~Kalender~~
~~Kommode~~ Kühlschrank Regal Tür

- : der Kalender - die Kalender

-e : der Teppich - die Teppiche

die Wand - die Wände

¨ : der Boden - die Böden

¨e :

-n : die Kommode - die Kommoden

-s : das Sofa - die Sofas

-en : die Uhr - die Uhren

4 Beschriften Sie die Zimmer. 部屋の名前を書き入れなさい。

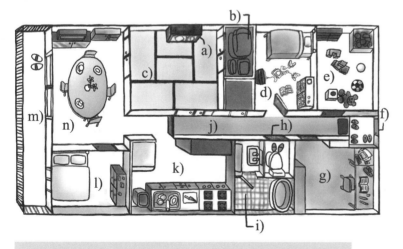

Tatamizimmer ~~Hausaltar~~ Elternschlafzimmer
Arbeitszimmer Wohnzimmer Kinderzimmer 1
Kinderzimmer 2 Badezimmer Flur Balkon
Toilette Küche Eingang ~~Wandschrank~~

a) Hausaltar
b) Wandschrank
c) _____
d) _____
e) _____
f) _____
g) _____
h) _____
i) _____
j) _____
k) _____
l) _____
m) _____
n) _____

5 Wie viele Möbel sehen Sie? Machen Sie eine Gruppe und ergänzen Sie zu dem, was Ihr Vorgänger gesagt hat, jeweils ein Möbelstück. Schreiben Sie erst, wenn Sie alle Möbel im Zimmer genannt haben.
例にならってグループで書斎にある家具を言いなさい。そして最後の文を書きなさい。

A: Im Wohnzimmer sehe ich eine Lampe.
B: Im Wohnzimmer sehe ich eine Lampe und fünf Stühle.
C: Im Wohnzimmer sehe ich eine Lampe, fünf Stühle und einen Tisch.
A: Im Wohnzimmer sehe ich eine Lampe, fünf Stühle, einen Tisch und einen Fernseher.
B: …

Wohnzimmer   Arbeitszimmer

Genauso:
A: Im Arbeitszimmer sehe ich _____

_____

_____

6 Wie heißen die Präpositionen? Schreiben Sie. 前置詞を書きなさい。

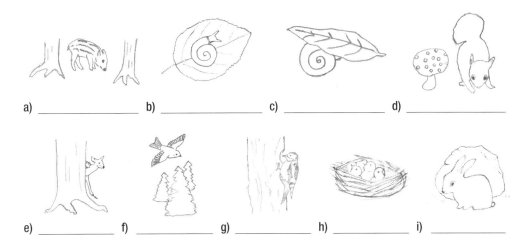

a) _____   b) _____   c) _____   d) _____

e) _____   f) _____   g) _____   h) _____   i) _____

7 **Ergänzen Sie.** 例にならって空欄を補いなさい。

	男性名詞	中性名詞	女性名詞	複数
1格	der			die
4格	den		die	
3格		dem		

8 **Zeichnen Sie das Bild zu Ende.** 文を読んで絵を描きなさい。

a) Am Fenster hängen Vorhänge.

b) Auf dem Tisch steht eine Vase mit Blumen und liegt ein Buch.

c) Zwischen dem Tisch und dem Stuhl sind Hausschuhe.

d) Unter dem Tisch schläft eine Katze.

e) Neben der Katze liegt ein Ball.

f) An der Wand hängt ein Bild.

g) Hinter dem Stuhl steht eine Zimmerpflanze.

h) Über dem Tisch hängt eine Lampe.

pl. Hausschuhe　スリッパ
e Zimmerpflanze　観葉植物

44

9 Wo ist die Katze gerade? Schreiben Sie mit dem passenden Verb.
今、猫はどこにいますか？適切な動詞を用いて、例にならって書きなさい。

stehen   hängen   liegen   sitzen

nun 今

a) Die Katze _steht hinter der Tür_____.

b) Nun hängt sie _____.

c) Nun _____ sie _____.

d) _____.

e) _____.

f) _____.

g) _____.

h) _____.

i) _____.

j) _____.

a)

b)

c)

d)

e)

f)

g)

h)

i)

j)

Lektion 8

45

⓾ Ergänzen Sie die Fragewörter. 疑問詞を入れなさい。

a) __Was__ ist in der Küche?   – Da sind ein Kühlschrank, ein Tisch und zwei Stühle.

b) _____ ist die Küche?

– Sie ist hell. Neben dem Küchentisch ist ein großes Fenster.

c) _____ sind die Bücher?   – Sie stehen im Bücherregal.

d) _____ _____ ist die Miete?   – 45 Euro im Monat.

e) _____ _____ ist die Wohnung?   – Sie ist 56m² groß.

f) _____ gibt es in der Nähe?   – Es gibt einen Park und zwei Cafés.

⓫ Welche Antwort passt? 適切な答えを選びなさい。

a) Emma, magst du deine neue Wohnung?

b) Magst du das Leben in der Großstadt?

c) Hat die Wohnung einen Balkon?

d) Wie ist die Küche?

e) Hat die Wohnung einen Keller?

f) Wie ist das Wohnzimmer?

1) Ja, der ist nicht so groß, aber früh morgens singen die Vögel dort.

2) Ja. Es gibt viele Restaurants. Und man kann ins Theater und ins Kino gehen.

3) Ja, sie hat einen. Im Sommer stehen dort meine Skier.

4) Sie ist klein. Aber die Einbauküche mag ich.

5) Es ist nicht so groß, aber hell.

6) Ja, sehr. Ich kann zu Fuß zu meinem Büro gehen.

r Vogel, = 鳥

mögen ～ を好む

ich	mag
du	magst
er/es/sie	mag

a)	b)	c)	d)	e)	f)
6					

46

Lektion 9　Uhrzeit und Datum

1 Wie spät ist es? Notieren Sie die Uhrzeiten in der umgangssprachlichen Form.
時刻を会話体で書きなさい。

a) _Es ist zwanzig nach zwei._

b) _____

c) _____

d) _____

e) _____

f) _____

g) _____

h) _____

i) _____

j) _____

k) _____

l) _____

2 Wie sagt man noch? Ergänzen Sie.　空欄を補いなさい。

a) _15 Minuten_　　　　—　_eine Viertelstunde_

b) 30 _____　　　—　_____

c) _____　　　—　_____

d) _____　　　—　_____

e) _____　　　—　_____

47

❸ Ergänzen Sie.　空欄を補いなさい。

	fahren			**treffen**		**aufstehen**
ich		rufe ... an		treffe		
du	fährst				isst	
er/es/sie			nimmt ... teil			
wir				treffen		stehen ... auf
ihr		ruft ... an	nehmt ... teil			
sie/Sie	fahren				essen	

❹ Verbinden Sie die Verbteile und ergänzen Sie die japanische Bedeutung.
例にならって正しいものを結び、日本語で意味を書きなさい。

a) ein   machen   _____

b) auf   rufen   _____

c) zu   kaufen   買い物をする_____

d) auf   sehen   _____

e) fern   schlafen   _____

f) an   haben   _____

g) zurück   räumen   _____

h) teil   stehen   _____

i) aus   nehmen   _____

j) auf   kommen   _____

k) vor   machen   _____

❺ Was ist hier falsch? Streichen Sie den Fehler durch und korrigieren Sie ihn.
例にならって間違っている箇所に下線を引き、正しい文に書き直しなさい。

a) Essen wir um <u>eins Uhr</u> in der Mensa? → Essen wir um <u>ein Uhr</u> in der Mensa?

                                                   Essen wir um <u>eins</u> in der Mensa?

b) Abends rufen Martin seine Freunde an. → Abends _____

c) Es ist halb siebzehn. → _____

d) Ich gehe am sechs Uhr spazieren. → _____

e) Im 9. Mai habe ich Geburtstag. → _____

f) Am August mache ich eine Radtour. → _____

6 Wie heißen die Fragewörter? Ergänzen Sie und beantworten Sie die Fragen.

疑問詞を補い、質問に答えなさい。

a) _____ spielst du Tennis? _____

b) Um _____ Uhr fährst du zur Uni? _____

c) _____ jobbst du morgen? _____

d) _____ ist es jetzt? _____

e) _____ Tag ist übermorgen? _____

f) Der _____ ist heute? _____

g) _____ ist die Bibliothek geöffnet? _____

h) _____ siehst du fern? _____

i) _____ hast du Geburtstag? _____

j) _____ haben Sie morgen vor? _____

k) _____ machen Sie am Wochenende? _____

7 Wie kann man noch sagen? Ordnen Sie im Kasten. 例にならって順に表に書きなさい。

1 Uhr	nachts	in der Nacht

1 Uhr 15 Uhr 7 Uhr 20:20 Uhr 5 Uhr 13 Uhr 11 Uhr 23 Uhr	nachmittags abends morgens spät abends mittags früh morgens vormittags nachts	am Vormittag in der Nacht früh am Morgen am Abend am Nachmittag am Morgen am Mittag spät am Abend

Lektion 9

49

8 Was machen Sie am Wochenende? Machen Sie einen Terminkalender. Sprechen Sie dann mit Ihrem/Ihrer Partner/in nach dem Beispiel im LB auf Seite 72 Übung 6.
週末のスケジュール表を作成し、教科書 72 ページ Übung 6 の例にならって、互いに話しなさい。

ⓐ Tragen Sie die Antworten in die Tabelle ein.　答えを表に書き入れなさい。

	ich	
Samstag		
Sonntag		

ⓑ Fassen Sie zusammen.　例にならって作文しなさい。

Beispiel:		*Jochen*
	Samstag	*10 : 00 – 12 : 00 Baseball Training*

Am Samstag hat Jochen von zehn bis zwölf Baseballtraining. Und ...

9 Zu Ihrer Übersicht. Schreiben Sie die Wochentage und Monatsnamen geordnet auf.
曜日と月名を順に書きなさい。

a) Die Wochentage:　Montag,

b) Die Monatsnamen:　Januar,

Sonntag　August　September　Dienstag　Februar　Dezember
März　Juli　Mittwoch　April　M̶o̶n̶t̶a̶g̶　November　Freitag
Oktober　Mai　Samstag　Juni　Donnerstag　J̶a̶n̶u̶a̶r̶

10 Tragen Sie die passenden Worte ein.　適切な語を選び、空欄を補いなさい。

Ein Jahr hat 12 _____ . Ein _____ hat 28 bis 31 _____ .
Eine _____ hat 7 _____ . Ein _____ hat 24 _____ .

Tag　Monate　Woche　Tage　Stunden　Monat　Tage

50

⑪ Bilden Sie Sätze und ordnen Sie sie in die Tabelle ein.
例にならい、動詞を正しい形にして、文を表に書き入れなさい。

a) ich – um halb sieben – aufstehen

b) Maria – um fünf Uhr – spazieren gehen

c) Anton – von zwei bis vier – Fahrrad fahren

d) Camilla – um drei Uhr – ein Eis essen

e) ich – von neun bis elf – Deutsch haben

f) ihr – nachmittags – keinen Unterricht haben

g) wir – am Wochenende – nach Okinawa fliegen

h) Leon – am Samstag – eine Party machen

i) du – abends – deine Freunde anrufen

j) ich – Sonntagabend – italienisch essen gehen

	主語	動詞	時間の副詞	動詞関連語
a)	Ich	stehe	um halb sieben	auf.
b)				
c)				
d)				
e)				
f)				
g)				
h)				
i)				
j)				

	時間の副詞	動詞	主語	動詞関連語
a)	Um halb sieben	stehe	ich	auf.
b)				
c)				
d)				
e)				
f)				
g)				
h)				
i)				
j)				

Lektion 9

⓬ Schauen Sie den Kalender im LB Seite 74 an. Was für ein Tag ist der ...? Schreiben Sie
die Zahlen aus. 教科書 74 ページのカレンダーを見て、日付を文字で書きなさい。

a) 5.4.   Der fünfte April ist ein Donnerstag.

b) 24.12.   Der _____ ist ein _____ .

c) 13.7.   _____

d) 1.5.   _____

e) 11.11.   _____

f) 3.3.   _____

g) 31.10   _____

h) 7.6.   _____

i) 12.8.   _____

j) 16.2.   _____

k) 19.1.   _____

l) 22.9.   _____

⓭ Was haben Sie wann vor? Schreiben Sie noch fünf Sätze.
例にならってあなたが予定していることを 5 つ作文しなさい。

	Wann?	**Was?**

a)   1. – 3. Januar — Ski

       Vom ersten bis zum dritten Januar fahre ich Ski.

b)   am 15. Februar — Party

       Am fünfzehnten Februar gehe ich zu einer Party.

c)   _____

       _____

d)   _____

       _____

e)   _____

       _____

f)   _____

       _____

g)   _____

       _____

52

Lektion 10   Stadt und Universität

1 „der", „die" oder „das"?   定冠詞を補いなさい。

a) _das_ Hauptgebäude   f) _____ Vortrag   k) _____ U-Bahn-Station
b) _____ Sporthalle   g) _____ Buchhandlung   l) _____ Raum
c) _____ Parkplatz   h) _____ Café   m) _____ Vorlesung
d) _____ Post   i) _____ Museum   n) _____ Unterricht
e) _____ Handyladen   j) _____ Sportplatz   o) _____ Mensa

2 Worträtsel – Wie heißen die Einrichtungen?   施設の名称の欠けている文字を補いなさい。

a) P _ R _ P _ _ TZ
b) P _ S _
c) _ B _ T _ A D _ N
d) _ _ N _ A

e) _ Ä _ _ ER _ I
f) H _ U P _ G _ _ Ä _ D _
g) _ O _ Z E _ TH _ _ L _
h) B _ B _ _ O T _ _ K

3 Wo ist ...? Ergänzen Sie.   空欄を補いなさい。

a) Gehen Sie _____.   b) Gehen Sie _____.   c) Gehen Sie _____.

 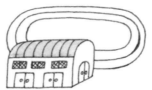 

d) Hier ist das Hauptgebäude. Die Bibliothek ist _____.

e) Da ist die Sporthalle. _____ ist der Sportplatz.

f) Dort sind die Mensa und die Bibliothek. _____ ist das Café.

4 Wo? „im" oder „in der"? Ergänzen Sie.　空欄を補いなさい。

Ich | bin arbeite esse
- a) _____in der_____ Mensa.
- b) _____ Sporthalle.
- c) _____ Raum 401.
- d) _____ Hauptgebäude.
- e) _____ Café.
- f) _____ Bäckerei.
- g) _____ Supermarkt.

5 Womit? „mit der", „mit dem" oder „zu"? Ergänzen Sie.　空欄を補いなさい。

Ich | fahre komme
- a) _____mit der_____ Straßenbahn.
- b) _____ Bus.
- c) _____ Fahrrad.
- d) _____ Zug.
- e) _____ Auto.
- f) _____ U-Bahn.
- g) _____ Taxi.

Ich | gehe komme
- h) _____ Fuß.

6 Wohin? „zu", „zum" oder „zur"? Ergänzen Sie.　空欄を補いなさい。

Ich gehe
- a) __zu__ Herrn Professor Stein.
- b) _____ Tischtennisspiel.
- c) _____ U-Bahn-Station.
- d) _____ Unterricht.
- e) _____ Supermarkt.

Ich gehe
- f) _____ Konzert.
- g) _____ Daniel.
- h) _____ Bank.
- i) _____ Bäckerei.
- j) _____ Party.

7 Wohin? „nach", „in den", „in die" oder „ins"? Ergänzen Sie.　空欄を補いなさい。

Ich gehe
- a) _____nach_____ Haus.
- b) _____ Konzert.
- c) _____ links.
- d) _____ Gebäude 1.

Ich gehe
- e) _____ Café.
- f) _____ Raum 501.
- g) _____ Museum.
- h) _____ Vorlesung.

54

8 Womit fahren die Leute zur Uni? Wie lange brauchen sie? Schreiben Sie.
大学までどの手段で行き、どれくらい時間が必要ですか？作文しなさい。

Beispiel: Katharina fährt mit dem Bus zur Uni.
          Sie braucht eine halbe Stunde.

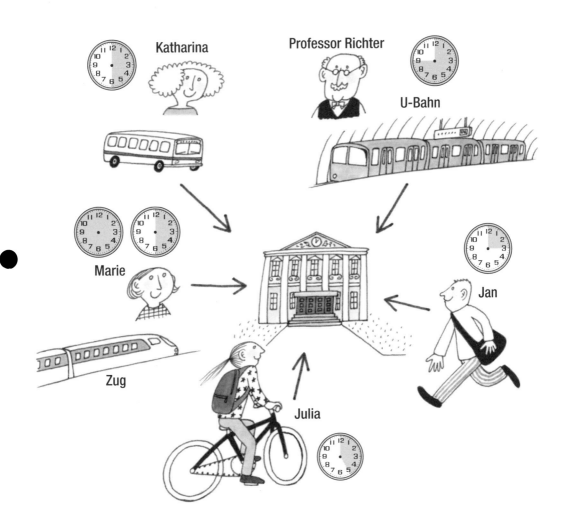

9 Bilden Sie passende Fragesätze. 適切な疑問文を作りなさい。

a) ＿＿＿＿＿＿＿ findet der Deutschunterricht statt? — Im Raum 205.

b) ＿＿＿＿＿＿＿ gehst du nach dem Unterricht? — Ich gehe ins Kino.

c) ＿＿＿＿ ＿＿＿＿ brauchst du von zu Haus bis zur Uni? — 15 Minuten zu Fuß.

d) ＿＿＿＿＿＿＿ fährst du zur Uni? — Mit der U-Bahn.

e) ＿＿＿＿ ＿＿＿＿ ＿＿＿＿ ＿＿＿＿ beginnt der Unterricht? — Um 9 Uhr.

f) ＿＿＿＿＿＿＿ du heute Deutsch? — Ja, ich habe Deutsch.

g) ＿＿＿＿＿＿＿ du heute nicht zur Uni? — Doch, ich fahre zur Uni.

h) ＿＿＿＿＿＿＿ du heute in der Mensa? — Nein, ich esse zu Hause.

10 Womit fährst du zur Uni? Wie lange brauchst du? Interviewen Sie.
大学までの交通手段と、どれくらい時間が必要かをインタビューしなさい。

ⓐ Tragen Sie in die Tabelle ein. 答えを表に書き入れなさい。

	ich		
Womit?			
Wie lange?			

ⓑ Fassen Sie zusammen. 例にならって作文しなさい。

Beispiel:

ich	Aya
U-Bahn	Bus
20 Minuten	15 Minuten

Ich fahre mit der U-Bahn zur Uni.
Ich brauche 20 Minuten.
Aya fährt mit dem Bus zur Uni.
Sie braucht eine Viertelstunde.

＿＿＿＿＿＿＿＿＿＿＿＿＿＿＿＿＿＿＿＿＿＿＿＿＿＿＿

＿＿＿＿＿＿＿＿＿＿＿＿＿＿＿＿＿＿＿＿＿＿＿＿＿＿＿

＿＿＿＿＿＿＿＿＿＿＿＿＿＿＿＿＿＿＿＿＿＿＿＿＿＿＿

＿＿＿＿＿＿＿＿＿＿＿＿＿＿＿＿＿＿＿＿＿＿＿＿＿＿＿

＿＿＿＿＿＿＿＿＿＿＿＿＿＿＿＿＿＿＿＿＿＿＿＿＿＿＿

11 **ⓐ** Wie heißt das Gegenteil von ...? Verbinden Sie die passenden Begriffe.
対義語はどれですか？例のように対義語の組み合わせを結びなさい。

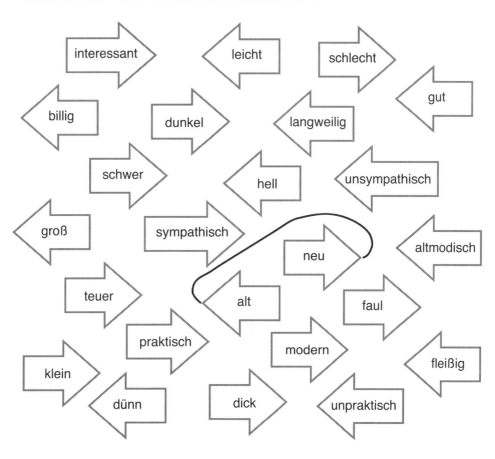

ⓑ Schreiben Sie die Gegensatzpaare mit japanischer Übersetzung.
対義語の組み合わせを、日本語訳をつけて書き出しなさい。

1) __alt__ – __neu__   7) _____ – _____
   (古い) (新しい)   ( ) ( )

2) _____ – _____   8) _____ – _____
   ( ) ( )   ( ) ( )

3) _____ – _____   9) _____ – _____
   ( ) ( )   ( ) ( )

4) _____ – _____   10) _____ – _____
   ( ) ( )   ( ) ( )

5) _____ – _____   11) _____ – _____
   ( ) ( )   ( ) ( )

6) _____ – _____   12) _____ – _____
   ( ) ( )   ( ) ( )

57

⑫ Präsentieren Sie Ihre Universität. Entwerfen Sie ein Poster und schreiben Sie einen Text dazu. 自分の大学をポスターでプレゼンテーションします。以下の点に注意してその原稿を書きなさい。

Wie heißt die Uni? Wo liegt ...? Seit wann gibt es ...? Was kann man studieren?

Wie viele Studentinnen und Studenten ...? Gibt es Feste an der Uni? Wann ...?

Was gibt es an der Uni? (Mensa? Bibliothek? ...?)

Wie finden Sie ...? (Mensa? Bibliothek? ...?)

Gibt es eine U-Bahn-Station / eine Bushaltestelle / einen Bahnhof in der Nähe?

Wie lange braucht man von dort bis zur Uni?

Das ist unsere Universität.

Die Uni heißt ....

Sie liegt ....

....

....

....

....

....

....

....

....

....

....

....

....

....

....

....

....

....

Lektion 11   Vor den Ferien

1 Wohin wollen wir fahren? Kreuzen Sie an: in, an oder nach.
正しい前置詞を選んで、句を作りなさい。

		in	an	nach	
a)	Nordsee	☐	☒	☐	*an die Nordsee*
b)	Berge	☐	☐	☐	
c)	Italien	☐	☐	☐	
d)	Schwarzwald	☐	☐	☐	
e)	Hause	☐	☐	☐	
f)	Meer	☐	☐	☐	
g)	Bodensee	☐	☐	☐	
h)	Deutschland	☐	☐	☐	
i)	Schweiz	☐	☐	☐	
j)	Stadt	☐	☐	☐	

2 Wohin fahren Sie? Ergänzen Sie.　例にならって空欄を補いなさい。

a) _in die_ Stadt   d) _____ Rhein   g) _____ Alpen
b) _____ Rom   e) _____ Park   h) _____ Meer
c) _____ USA   f) _____ Okinawa   i) _____ Berge

3 Wo sind Sie? Ergänzen Sie.　例にならって空欄を補いなさい。

a) _in der_ Stadt   d) _____ Rhein   g) _____ Alpen
b) _____ Rom   e) _____ Park   h) _____ Meer
c) _____ USA   f) _____ Okinawa   i) _____ Berge

4 **ⓐ** Was kann man da machen? Was passt? Verbinden Sie.
そこでは何ができますか。例にならって、ふさわしい事柄を選びなさい。

1) München   a) schwimmen   1) ___c___
2) Österreich   b) Weinberge sehen   2) _____
3) Nordsee   c) Weißwürste essen   3) _____
4) Schweiz   d) einen Film sehen   4) _____
5) Kino   e) einkaufen   5) _____
6) Stadt   f) Ski fahren   6) _____
7) Mosel und Rhein g) im eigenen Bett schlafen 7) _____
8) Alpen   h) das Matterhorn sehen   8) _____
9) zu Hause   i) Wien besichtigen   9) _____

ⓑ Bilden Sie Sätze. 例にならって作文しなさい。

1)   In München kann man Weißwürste essen.
2)   _____
3)   _____
4)   _____
5)   _____
6)   _____
7)   _____
8)   _____
9)   _____

5 Was kann man in den Ländern machen? Schreiben Sie. その国で何ができるか作文しなさい。

a) Italien   In Italien kann man im Sommer im Meer schwimmen und im Winter
                 in den Bergen Ski fahren. In Rom kann man in die Oper gehen.

b) Frankreich   _____

                 _____

c) Deutschland   _____

                 _____

d) Spanien   _____

                 _____

6 Schreiben Sie Sätze.　文を作りなさい。

a) ich / an die Nordsee / möchte / fahren / mit meiner Freundin

　　Ich möchte mit meiner Freundin an die Nordsee fahren.

b) möchte / in den Ferien / machen / ich / den Führerschein

c) man / im Schwarzwald / schön wandern / kann

d) wohin / fahren / ? / wollen / am Wochenende / wir

e) du / was / möchtest / machen / ? / in den Ferien

f) zusammen / wir / nach Deutschland / wollen / fahren / ?

7 Ergänzen Sie.　空欄を補いなさい。

	wollen	können	möchten
ich			möchte
du	willst		
er/es/sie		kann	
wir		können	möchten
ihr	wollt		
sie/Sie			

8 Ergänzen Sie die Modalverben.　助動詞を空欄に補いなさい。

a) Ich _____ im Sommer nach Hawaii fliegen. Da _____ man so gut surfen.

b) Er _____ auf den Fernsehturm steigen. Da _____ man die schöne

　　Aussicht genießen.　　*r* Fernsehturm テレビ塔　　steigen 登る　　*e* Aussicht 眺め　　genießen 楽しむ

c) Wir _____ in die USA fahren. Da _____ wir Englisch lernen.

d) _____ du mit mir an die Mosel fahren? Da _____ man gut Wein trinken.

e) _____ ihr in die Berge fahren? Da _____ ihr fantastisch wandern.

> könnt　möchte　kann　können　wollt
> möchten　möchte　willst　kann　kann

Lektion 11

61

9 Interviewen Sie Ihren Partner oder Ihre Partnerin. Schreiben Sie dann über das Wochenende.　友達に週末についてインタビューしなさい。

ⓐ Was willst du am Wochenende machen? Tragen Sie die Antworten in die Tabelle ein.
答えを表に書き入れなさい。

	ich	
Was?		
Wohin?		
Wo?		
Mit wem?		

ⓑ Fassen Sie zusammen.　例にならって作文しなさい。

Beispiel:

	ich	Lena
Was?	schwimmen	Japanisch lernen
Wohin?	ins Schwimmbad	
Wo?		zu Hause
Mit wem?	mit meiner Freundin	allein

Ich will mit meiner Freundin ins Schwimmbad schwimmen gehen.

Lena will allein zu Hause Japanisch lernen.

10 Was ist falsch? Unterstreichen Sie den Fehler und korrigieren Sie ihn.
例にならって間違っている箇所に下線を引き，正しい文に書き直しなさい。

a) Wir <u>fahren</u> ans Meer <u>wollen</u>.　　　Wir wollen ans Meer fahren.

b) Könnst du Auto fahren?

c) Aya will reisen im Juli nach Rom.

d) Möcht ihr Snowbord fahren?

e) Morgen will ich nach Tokyo fahre.

f) Er möchtet zu Hause bleiben.

62

⑪ **Postkarten und Briefe**　はがきと手紙の書き方

ⓐ **So beschriftet man einen Briefumschlag**　宛名と差出人の書き方

---

^{*1)} Yuki Tanaka
Oyachi 1-2, Atsubetsu-ku
Sapporo 004-0012
Japan

^{*2)} Peter Meier
Bahnhofstr. 1
20380 Hamburg
GERMANY

---

^{*1)} Bei einer Postkarte wird der Absender normalerweise weggelassen.
　はがきの場合は差出人の住所氏名を省略する。
^{*2)} Peter Meier　　　　　= Vorname und Familienname　名前と姓
　Bahnhofstr. 1　　　　= Straße und Hausnummer　通りの名前と家の番号
　20380 Hamburg　　= Postleitzahl und Ort　郵便番号と市町村名
　GERMANY　　　　= Land (nur notwendig, wenn man
　　　　　　　　　　　　　aus dem Ausland schreibt)　国名（外国の場合）

ⓑ **So schreibt man einen Brief oder eine Postkarte.**　手紙とはがきの書き方

1. an Freunde - mit „du"　親しい友人宛て

　　　　　　　　　　　　　　　　　　　Tokyo, 20. November 2023

Liebe Sabine/Lieber Peter,
...
...
...
Viele Grüße
(deine) Yuki/(dein) Taro

---

2. an Bekannte - mit „Sie"　知人宛て

　　　　　　　　　　　　　　　　　　　Tokyo, 20. November 2023

Liebe Frau Meier/Lieber Herr Schneider,
...
...
...
Herzliche Grüße
Ihre Yuki Tanaka/Ihr Taro Suzuki

Lektion 11

63

3. an entfernte Bekannte oder geschäftlich　ビジネスレター

Tokyo, 20. November 2023

Sehr geehrte Frau Neuhaus/Sehr geehrter Herr Fischer/
Sehr geehrte Damen und Herren,*

....
....
....
....
....

Mit freundlichen Grüßen
Yuki Tanaka/Taro Tanaka

* Diese Anrede verwendet man, wenn man den Namen des Ansprechpartners nicht weiß.
相手の名前がわからないときに使う。

C Schreiben Sie von einer Reise eine Karte an einen Freund oder eine Freundin.
旅行先から友達にはがきを書きなさい。

Lektion 12　Erlebnisse und Erfahrungen

1 Was war früher? Schreiben Sie die Sätze im Präteritum.
例にならって過去形に書き換えなさい。

a) Wir haben viel Spaß.　　　Früher hatten wir viel Spaß.

b) Ich habe Langeweile.　　　Früher

c) Wir sind Studenten.

d) Die Filme sind interessant.

e) Frau Graf hat einen guten Job.

f) Ich bin glücklich.

g) Sie haben viel Geld.

h) Herr Koch ist Lehrer.

i) Habt ihr Deutschunterricht?　　Hattet ihr früher Deutschunterricht?

j) Bist du verheiratet?　　　Warst du　　　　　　　　　　　?

k) Seid ihr in den USA?

l) Hast du Zeit?

m) Sind Sie in Deutschland?

n) Haben Sie Haustiere?

s Haustier, -e　ペット

2 Schreiben Sie Sätze im Präteritum.　過去形で文を作りなさい。

a) wir / im Schwimmbad / sein　　Wir waren im Schwimmbad.

b) es / toll / sein

c) du / schon einmal / in Österreich / sein / ?

d) ihr / bei euren Eltern / sein / ?

e) Thomas / heute / nicht / beim Deutschunterricht / sein

f) Sie / in der Schweiz / sein / ?

g) Paul / eine Fahrstunde / haben / ?

h) ich / einen Wettkampf / haben

i) Und Ina und Tim?　sie / auch / einen Wettkampf / haben / ?
　　Und Ina und Tim?

j) wir / Hausaufgaben / haben / ?

k) du / gestern / Besuch / haben

l) ihr / Spaß / haben / ?

r Wettkampf, ⁻e　試合

65

③ Ergänzen Sie die richtige Präteritumsform von „sein". sein の過去形を補いなさい。

○ Hallo Jan, wie _____ das Konzert am Samstag?

■ Es _____ super.

○ _____ du eigentlich alleine auf dem Konzert?

■ Nein, wir _____ zu viert. Zwei Leute aus der Fußballmannschaft, meine

Freundin und ich.

○ Haben viele Leute das Konzert besucht?

■ Ja, ich glaube, etwa 10.000 Leute _____ da.

○ Was, so viele? Das _____ bestimmt toll. Nächstes Mal komme ich auch mit.

④ Ergänzen Sie die richtige Präteritumsform von „haben".
haben の過去形を補いなさい。

■ Und ihr? Was habt ihr am Wochenende gemacht?

○ Wir _____ viel zu tun. Am Samstag _____ ich eine Fahrstunde,

Klavierunterricht und Training. Und Lena _____ Privat-Deutschunterricht.

Am Montag _____ sie eine Prüfung.

⑤ Ergänzen Sie die richtige Präteritumsform von „haben" oder „sein".
haben または sein の過去形を補いなさい。

○ Wo _____ ihr am Wochenende?

■ Wir _____ Besuch und _____ in den Bergen Ski fahren.

○ _____ ihr mit dem Auto da?

■ Nein, unser Auto _____ kaputt. Wir _____ mit dem Bus da.

○ Und wie _____ es?

■ Es _____ super, wir _____ wirklich viel Spaß. Aber am nächsten

Tag _____ ich Muskelkater und _____ sehr müde.

r Muskelkater 筋肉痛

6 Was passiert heute? Schreiben Sie im Präsens. Schreiben Sie zuletzt über sich.
例にならって、現在形を使って作文しなさい。最後にあなたの昨日と今日について文を書きなさい。

a) Gestern war ich zu spät.

Heute bin ich pünktlich.

pünktlich sein 間に合う、時間通りである

b) Gestern hatte ich Langeweile.

_____

c) Gestern war ich im Kino.

_____

d) Gestern hatte ich Besuch.

_____

e) _____

_____

| Spaß haben | pünktlich sein | zu Hause sein | allein sein |

f) Gestern habe ich Fußball gespielt.

Heute spiele ich Gitarre.

g) Gestern habe ich klassische Musik gehört.

_____

h) Gestern bin ich Auto gefahren.

_____

i) _____

_____

7 Schreiben Sie die Karte im Perfekt bzw. im Präteritum.
次の絵葉書を現在完了形と過去形を使って書き換えなさい。

Niseko, 28.12.2023

Lieber Markus,
wie geht es dir? Bist du zu Hause bei deiner Familie?
Ich bin am Jahresende mit Freunden in Niseko. Wir haben sehr gutes Wetter, aber es ist kalt. Ich fahre jeden Tag Ski. Am Nachmittag gehe ich ins Onsen. Abends spielen meine Freunde und ich Karten, oder wir gehen in eine Kneipe. Dort essen und trinken wir. Es ist wirklich toll in Niseko. Ich hoffe, du hast auch ein schönes Jahresende!
Viele Grüße und einen guten Rutsch ins neue Jahr
deine Kurumi

hoffen 願う　einen guten Rutsch ins neue Jahr 良いお年を

Tokyo, 4.1.2024

Liebe Julia,
wie geht es dir? Warst du zu Hause bei deiner Familie?

_____

_____

_____

_____

_____

Viele Grüße und ein frohes neues Jahr
deine Kurumi

ein frohes neues Jahr あけましておめでとうございます

8 Was ist hier falsch? Korrigieren Sie.

例にならって間違っている個所に下線を引き、正しい文に書き直しなさい。

a) Ich <u>hatte</u> gestern Pizza gegessen.　　　　　*Ich habe gestern Pizza gegessen.*

b) Ich war gestern ins Kino gegangen.

c) Warst du am Samstag nach Osaka gefahren?

d) Hattest du heute Morgen Deutsch gelernt?

e) Bist du gestern deinen Freund besucht?

f) Wir sind am Wochenende Badminton gespielt.

g) Sind ihr am Samstag ins Theater gegangen?

h) Er vorgestern nach Tokyo gefahren.

●

9 Was hast du gestern Vormittag/Abend gemacht? Wie war es? Interviewen Sie Ihre/n Partner/in.　昨日午前・夜何をしましたか。それはどうでしたか。パートナーにインタビューしなさい。

ⓐ Tragen Sie in die Tabelle ein.　答えを表に書き入れなさい。

	ich	
Was?		
Wie?		

ⓑ Fassen Sie zusammen.　例にならって作文しなさい。

Beispiel:

	ich	Lena
Was?	Vormittag: hatte Deutschunterricht Abend: habe E-Mails geschrieben	Vormittag: ist gejoggt Abend: war im Kino
Wie?	😐	🙂

Ich hatte gestern Vormittag Deutschunterricht und habe gestern Abend

E-Mails geschrieben. Es war ganz gut. Lena ist gestern Vormittag gejoggt.

Gestern Abend war sie im Kino. Sie hatte Spaß.

●

69

⑩ Was hat Elias am Sonntag gemacht? Schreiben Sie die Geschichte nach „Ein Sonntag von Elias" im LB auf S.72 weiter.

教科書 72 ページの「エリアスの日曜日」を参考に過去形と現在完了形で話の続きを書きなさい。

Am Sonntag hat Elias ausgeschlafen. Um Viertel vor elf

⑪ Was haben Sie am Sonntag gemacht? Schreiben Sie mindestens 60 Wörter.

日曜日に何をしましたか。自分の日曜日について 60 語以上で作文しなさい。

Am Sonntag

Um   Uhr

著 者

佐藤 修子（さとう しゅうこ）

下田 恭子（しもだ きょうこ）

岡﨑 朝美（おかざき ともみ）

Gesa Oldehaver（ゲーザ・オルデハーフェル）

Daniel Arnold（ダニエル・アーノルド）

Thoralf Heinemann（トーラルフ・ハイネマン）

新・スツェーネン1　ワークブック
場面で学ぶドイツ語

2017 年 2 月 20 日　第 1 版発行
2024 年 3 月 20 日　第11版発行

著　者	———	佐藤修子
		下田恭子
		岡﨑 朝美
		Gesa Oldehaver
		Daniel Arnold
		Thoralf Heinemann
発 行 者	———	前田俊秀
発 行 所	———	株式会社 三修社

〒 150-0001　東京都渋谷区神宮前 2-2-22
TEL 03-3405-4511
FAX 03-3405-4522
振替 00190-9-72758
https://www.sanshusha.co.jp
編集担当　永尾真理

DTP　　　　有限会社 トライアングル
表紙デザイン　岩泉卓屋
本文イラスト　九重加奈子
　　　　　　　市川さとみ
印刷・製本　日経印刷株式会社

©2017 Printed in Japan　ISBN978-4-384-12294-7 C1084

JCOPY〈出版者著作権管理機構 委託出版物〉

本書の無断複製は著作権法上での例外を除き禁じられています。複製される場合は、
そのつど事前に、出版者著作権管理機構（電話 03-5244-5088 FAX 03-5244-5089
e-mail: info@jcopy.or.jp）の許諾を得てください。